BEI GRIN MACHT SICH IHR WISSEN BEZAHLT

- Wir veröffentlichen Ihre Hausarbeit,
  Bachelor- und Masterarbeit

- Ihr eigenes eBook und Buch -
  weltweit in allen wichtigen Shops

- Verdienen Sie an jedem Verkauf

Jetzt bei www.GRIN.com hochladen und kostenlos publizieren

Musik und Identität. Musik und ihr Einfluss auf individuelle und kollektive Identitätsprozesse

Tobias Postel

Bibliografische Information der Deutschen Nationalbibliothek:

Die Deutsche Nationalbibliothek verzeichnet diese Publikation in der Deutschen Nationalbibliografie; detaillierte bibliografische Daten sind im Internet über http://dnb.d-nb.de abrufbar.

ISBN: 9783389028759
Dieses Buch ist auch als E-Book erhältlich.

Druck und Bindung: Books on Demand GmbH, Norderstedt Germany
Gedruckt auf säurefreiem Papier aus verantwortungsvollen Quellen

Das vorliegende Werk wurde sorgfältig erarbeitet. Dennoch übernehmen Autoren und Verlag für die Richtigkeit von Angaben, Hinweisen, Links und Ratschlägen sowie eventuelle Druckfehler keine Haftung.

Das Buch bei GRIN: https://www.grin.com/document/1478133

Carl von Ossietzky Universität Oldenburg

Kulturgeschichtliche Perspektiven auf Musik und Identität

Mus720 – Kulturgeschichte der Musik

Wintersemester 2023/2024

Musik und Identität – Musik und ihr Einfluss auf individuelle und kollektive Identitätsprozesse

Vorgelegt von:

Tobias Postel

Master of Education

Abgabedatum: 21.02.2024

Gliederung

1. Einleitung

Musik spielt in unserem Alltag, bewusst oder unterbewusst, immer wieder eine zentrale Rolle. In unterschiedlichen Kontexten befassen wir uns mit Musik, sind wir von Musik umgeben und beeinflusst Musik unser Verhalten. Musik, Identität und Zugehörigkeit zu bestimmten Gruppen sowie die Beziehung dieser drei Aspekte zueinander sind von zentraler Bedeutung im Prozess des Verstehens menschlicher und sozialer Interaktion und Dynamiken. Doch wie drückt sich diese Vielschichtigkeit in dem Verhältnis von Musik und Identität in unserem Alltag, auch in Bezug auf einen unterschiedlichen sozialen Kontext aus? Zunächst sollen hier einmal die Begrifflichkeiten definiert werden, mit denen diese Ausarbeitung arbeitet, um ein tiefergehendes Verständnis für die folgenden Ausführungen gewährleisten zu können.

Ist im Folgenden vom Begriff Musik die Rede, so meint dieser nicht nur die akustische Erfahrung von Klängen, sondern vielmehr ein vielschichtiges Phänomen, welches die Rezeption sowie das aktive Gestalten und viele weitere Dimensionen einschließt. Ein ebenso mehrdimensionaler Begriff im Zusammenhang dieser Arbeit bildet die Identität. Er umfasst die Komplexität unterschiedlicher Selbstwahrnehmungen und Gruppenzugehörigkeiten, die sowohl von individuellen Erfahrungen und Eindrücken als auch kollektiven Einflüssen geprägt sind. Das Gefühl, Teil einer Gemeinschaft oder sozialen Gruppe bzw. in eine solche eingebunden zu sein, wird hier als Zugehörigkeit beschrieben.

In mehreren Schritten soll sich im Verlauf der Arbeit der Verbindung von Musik und Identität genähert werden. Die Rolle, die Musik in unserer Entwicklung, im Kindes- und Jugendalter, wie auch im Erwachsenenalter zukommt, die Funktion, die sie im Aufbau sozialer Kontakte durch gemeinsames Hören und Spielen von Musik einnimmt und die Art und Weise, wie Musik von uns wahrgenommen und verarbeitet wird sind hierbei zentral. Die Betrachtung sowohl individueller, wie auch kollektiver Identitätsprozesse, die wir in unserem Leben durchlaufen, soll im Folgenden näher analysiert und dabei die Frage beantwortet werden:

„Inwiefern dient Musik als Zeichen der Zugehörigkeit in unterschiedlichen sozialen Gruppen und wie beeinflusst sie individuelle und kollektive Identitätsprozesse?"

2. Musik als soziales Phänomen

Der amerikanische Musikwissenschaftler Alan P. Merriam drückt sich in Bezug auf das Phänomen Musik wie folgt aus: „Der Symbolismus in der Musik kann also auf diesen vier Ebenen betrachtet werden: der Gesang oder die Symbolisierung, die in den Liedtexten zum Ausdruck kommt, die symbolische Widerspiegelung der affektiven oder kulturellen Bedeutung, die Widerspiegelung anderer kultureller Verhaltensweisen und Werte und die tiefe Symbolik universeller Prinzipien. Es ist offensichtlich, dass der Ansatz, der Musik im Wesentlichen als symbolisch für andere Dinge und Prozesse sieht, ein fruchtbarer ist; und auch hier wird die Art der Untersuchung betont, die Musik nicht einfach als eine Konstellation von Klängen, sondern als menschliches Verhalten zu verstehen sucht".[1] An diesen Ausführungen Merriams wird deutlich, dass er Musik als ein Phänomen betrachtet, dass im Rahmen menschlicher bzw. sozialer Interaktion vorkommt. Ein erlerntes Verhalten, dass Menschen produzieren, um anderen Menschen etwas zu übermitteln oder mitzuteilen. Dies geschieht bewusst oder unterbewusst. Konkreter beschreibt Gerd Grupe das soziale Phänomen Musik. Er benennt Musik als etwas Anlassbezogenes, das an einen bestimmten Ort, eine Region oder Gruppe gebunden ist.[2] Diese Thesen beschreiben Musik gleichzeitig als Mittel der Zusammengehörigkeit für Mitglieder bestimmter Gruppen, die sich mit der Musik der Gruppe identifizieren und ebenso als Mittel der Abgrenzung zu Individuen außerhalb dieser Gruppen. Wer sich zu einer bestimmten Musik bekennt oder zugehörig fühlt, kann somit als Teil eines Kollektivs bezeichnet werden. Irle und Müller beschreiben Musik außerdem als ein Mittel des Ausdrucks, das Gefühle und Emotionen ausdrücken kann, wo die Sprache an ihre Grenzen kommt. So ermögliche das gemeinsame Musizieren gleichzeitig sich selbst und seine Gefühle auszudrücken sowie auf andere zu hören und einzugehen. Musik bildet für Irle und Müller das ideale Mittel zum Herstellen von Beziehungen und zum Weiterentwickeln dieser.[3] Ob als Ausdrucksmittel, Mittel der Zugehörigkeit oder Abgrenzung, Musik begleitet uns im Alltag. Bewusst oder unbewusst interagieren wir mit

---

[1] Vgl. Merriam, Alan P.: The Anthropology of Music. Chicago 1964. S. 258.
[2] Vgl. Grupe, Gerd: Zeichen der Zugehörigkeit und Mittel der Abgrenzung. Prozesse der Identitätsstiftung aus ethnomusikologischer Sicht, In: Anhagen, W.; Bullerjahn, C.; Höge, H. (Hrsg.): Musikpsychologie. Jahrbuch der Deutschen Gesellschaft für Musikpsychologie, Band 21, Göttingen 2011, S.11.
[3] Vgl. Irle, Barbara; Müller, Irene: Raum zum Spielen, Raum zum Verstehen. Musiktherapie mit Kindern, Münster 1996, S.16f.

und reagieren auf die Musik. Musik ist omnipräsent, Situationsabhängig und an Faktoren gebunden.

3. Identitätsprozesse durch Musik – Individuell
a. Musikalische Entwicklung/Sozialisation im Kindes- /Jugendalter

Musik und auch unser Verhalten gegenüber der Musik nehmen aktiv an unserer Entwicklung Teil. Von unserer frühesten Kindheit an lernen wir unsere Umgebung und unsere Umwelt kennen. Soziale, kulturelle und auch materielle Besonderheiten werden assimiliert und auch akkommodiert. Winfried Pape nennt dies ein „persönliches Adaptieren oder Modifizieren der Besonderheiten seiner Umwelt".[4] Es findet innerhalb der Musik und der Musikrezeption eine individuelle Entwicklung statt, in der wir unterschiedlichen Aspekten von Musik eine mehr oder weniger starke Bedeutung zuschreiben. Diese spiegeln meist unsere Erlebnisse wieder und stellen somit ein subjektives Bedeutungsgefüge einzelner dar. Günther Kleinen beschreibt die musikalische Sozialisation in vier Phasen. Hiervon finden, so Kleinen, zwei Phasen im Kindes- und Jugendalter statt. Von der Geburt bis hin zur Pubertät spricht Kleinen von einer Offenheit für ein breites musikalisches Spektrum, dass vor allem im institutionellen Bereich durch Lehrer und Erzieher und im familiären Bereich, durch Eltern und Geschwister beeinflusst wird. In dieser frühkindlichen Phase der Auseinandersetzung mit Musik vermischt unser Gehirn Musik mit der Sprache. So wird angenommen, dass gerade in den frühen Phasen der Entwicklung musikalische Aspekte der Sprache und der Sprachentwicklung sehr eng miteinander verbunden sind. So sind vermutlich musikalische Aspekte der Erwachsenensprache für Kleinkinder die frühesten Assoziationen zwischen Klangmustern und semantischer Bedeutung. Die Sprache, die einen Großteil unserer Identität ausmacht, beruht also auf Musik bzw. wird durch Musik unterstützt und Kommunikation wird durch sie ermöglicht und vereinfacht. Stefan Koelsch beschreibt den Erwerb musikalischen Wissens und die Verarbeitung musikalischer Informationen als eine allgemeine menschliche Fähigkeit, die vermutlich von großer Bedeutung für die Entwicklung von Sprachen war und wichtige Funktionen,

---

[4] Vgl. Pape, W.: Aspekte musikalischer Sozialisation, In: Beiträge zur Popularmusikforschung. Bd. 18, o.O. 1996, S. 80 – 110.

wie Gemeinschaftserlebnisse und die Koordination von kooperativen Handlungen ermöglicht hat.[5] Hierbei wird die besondere Rolle deutlich, die Musik auch biologisch und in Bezug auf die Teilnahme an der Gesellschaft und am Austausch mit anderen Menschen hat. In der Pubertät verschiebt sich die von Kleinen beschriebene musikalische Abhängigkeit von erwachsenen Vorbildern. Jugendliche seien, so Kleinen nun stärker an ihren Peergroups orientiert und lösen sich von alten musikalischen Vorbildern. Es bildet sich ein eigener, individueller Musikgeschmack heraus mit stabilen musikalischen Präferenzen für bestimmte Genres.[6] Besonders dieser zweiten Phase kommt nach Kleinen eine zentrale Bedeutung zu, da sich in dieser Phase zum ersten Mal eine individuelle musikalische Identität herausbildet. Diese These wird auch aus dem Fachbereich Psychologie gestützt. So beschreibt der Psychologe Rolf Oerter die Entwicklung einer eigenen Identität als zentralen Aspekt des Jugendalters. „Sich selbst zu erkennen und [...] sich selbst zu gestalten, an sich zu arbeiten, sich zu formen"[7], dies sind, nach Oerter, die entscheidenden Faktoren in der entwicklungspsychologischen Identitätsbildung und damit, schaut man auf Kleinen, auch ein zentraler Aspekt in der musikalischen Entwicklung. Karsten Kiewitt beschreibt diese Phase der musikalischen Sozialisation als einen sehr emotionalen Abschnitt in der Entwicklung der Jugendlichen. Jugendliche sind in dieser Phase der Entwicklung immer stärker im Stande sich mit ihren eigenen Emotionen und denen ihrer Peergroups in Bezug auf Musik auseinanderzusetzen. Diese von starken Emotionen begleitete Auseinandersetzung mit Musik prägt die Jugendlichen wie auch ihre musikalische Identität nachhaltig.[8] Der Sozialwissenschaftler Bernhard Heinzlmaier beschreibt dieses Phänomen als eine Art „Stimmungsmanagement", bei dem Musik als Mittel zur Regulierung der eigenen Gefühlswelt der Jugendlichen dient.[9] Deutlicher wird diese der Musik zugeschriebene Bedeutung bei Dieter Baacke. Auch er beschreibt die Jugend als eine Zeit, in der sich die Jugendlichen neu orientieren und von alten Vorbildern entfernen. Der Weg zur eigenen Identität führt dabei nach Baacke auch über Ventile zur Verarbeitung der eigenen Emotionen. Eines dieser Ventile sei, so Baacke,

---

[5] Vgl. Koelsch, Stefan: Das Verstehen der Bedeutung von Musik, In: Jahrbuch der sächsischen Akademie der Künste 2003/2004, Dresden, S.224 – 228.
[6] Vgl. Kleinen, Günther: Musikalische Sozialisation, In: Bruhn, H; Kopiez, R; Lehmann, A. C. (Hrsg.): Musikpsychologie. Das neue Handbuch, Hamburg 2011, S.46f.
[7] Vgl. Oerter, R; Dreher, E.: Jugendalter, In: Oeter, R.; Montada, L. (Hrsg.): Entwicklungspsychologie. Ein Lehrbuch, Weinheim 2002, S. 348f.
[8] Vgl. Kiewitt, Karsten: Emotionales Musikerleben bei Demenz. Eine Studie zur Wirkung des Musikhörens auf das emotionale Erleben Demenzbetroffener, Potsdam 2014, S.57 – 59.
[9] Vgl. Heinzlmaier, B.: Performer, Styler, Egoisten. Über eine Jugend, der die Alten die Ideale abgewöhnt haben, Berlin 2013, S.88.

die Musik.[10] Insgesamt zeigt sich eine starke Verknüpfung von Musik und der frühkindlichen bzw. jugendlichen Entwicklung mit dem medium Musik als einem „Medium des Beziehungsaufbaus sowie der Kommunikation, des Ausdrucks und der Bewegung".[11]

b. Musikalische Entwicklung/Sozialisation im Erwachsenenalter

Während sich die ersten Schritte der musikalischen Sozialisation nach Kleinen im Kindes- und Jugendalter abspielen, setzt sich diese Entwicklung im Erwachsenenalter fort. Unsere eigene musikalische Biografie oder Identität bildet sich ein Leben lang. Diese Erkenntnis geht auf die „Life-span-Psychologie" zurück, die entgegen der zuvor vorherrschenden Meinung postuliert, dass die Weiterentwicklung der musikalischen Identität nicht mit dem Eintritt in das Berufsleben endet.[12] Kleinen begründet seine dritte Phase der musikalischen Sozialisation vor allem mit dem Eintritt in das Berufsleben sowie die sozialen Veränderungen in dieser Lebensphase, die weniger Zeit für die aktive Auseinandersetzung mit Musik bieten. Hierzu zählt auch etwa die Gründung einer Familie. Musik als subjektives Phänomen in dieser Phase der musikalischen Sozialisation wird weiterhin eng mit Emotionen verknüpft und es bilden sich, teilweise situationsabhängig neue musikalische Präferenzen. Generell rückt Musik in dieser Phase allerdings eher in den Hintergrund und wird beiläufig konsumiert.[13] Trotz der vor allem beiläufigen Nutzung von Musik partizipieren Erwachsene in dieser Phase dennoch weiter am Musikleben. Mit dem ende der Berufstätigkeit treten Erwachsene nach Kleinen in die vierte Phase der musikalischen Sozialisation ein. Die durch den Eintritt in das Rentenalter zur Verfügung stehende Zeit wird aus musikalischer Sicht häufig für die Pflege alter (musikalischer) Hobbies genutzt und durch die veränderte Lebenssituation ändert sich die individuelle und soziale Vorliebe und Nutzung von Musik. Angebote, wie etwa Orchester, Chöre oder Konzerte werden in dieser von Kleinen beschriebenen Phase der

---

[10] Vgl. Baacke, Dieter: Handbuch Jugend und Musik, Opladen 1998, S.14.
[11] Vgl. Hartogh, T.; Wickel, H. H. (Hrsg.): Handbuch Musik in der sozialen Arbeit, Weinheim 2004, S.5.
[12] Vgl. Bruhn, H.: Musikalische Entwicklung im Alter, In: Musiktherapeutische Umschau 24/2, Göttingen 2003, S.134 ff.
[13] Vgl. Kiewitt, Karsten: Emotionales Musikerleben, Potsdam 2014, S.59 – 61.

musikalischen Sozialisation häufiger und verstärkt wahrgenommen.[14] Musik wird für die Menschen in dieser Phase zu einer wichtigen sozialen Komponente und hilft andere Menschen zu treffen und sich mit ihnen auszutauschen. Die Selbstreflexion und die Selbstwahrnehmung werden durch das aktive Musizieren mit anderen gefördert.[15]

c. Emotionales Erleben von Musik

Wenn wir Musik hören, dann erinnern wir uns an vergangene Ereignisse. Wir verbinden bewusst oder unbewusst mit Musik sowohl positive als auch negative Erfahrungen. Kreutz definiert das emotionale Erleben von Musik als „Situation, Kontext und individuell-biografische Erfahrung".[16] Das einfache Hören von Musik beschreibt also einen Prozess, in dem unser Gehirn und unser zentrales Nervensystem eine Vielzahl von Funktionen ausführt. Um nachvollziehen zu können, wie Musik auf uns wirkt, müssen wir uns zunächst fragen, wie Emotionen in unserem Körper ausgelöst werden und wie auch Musik hierfür verantwortlich ist. Eine besondere Bedeutung in der Verarbeitung von Reizen und dem Hervorrufen von Emotionen kommt unserem Gehirn, spezieller der Amygdala, zu. Über unser Gehör gelangt ein akustischer/musikalischer Reiz in das Stammhirn und den Thalamus und wird von hier an die Amygdala weitergegeben. In der Amygdala werden unsere Eindrücke verarbeitet und eine Reaktion auf diese erzeugt. Neben der Amygdala wird die Information ebenfalls an den Neokortex weitergeleitet. Hier wird der erzeugte Reiz enkodiert und auf bereits bekannte Reize übertragen bzw. mit diesen verglichen. Die enkodierten Daten, die auf bereits bekannte oder neue externe Reize schließen lassen, werden an die Amygdala zurückgesendet und es werden weitere emotionale Reaktionen hervorgerufen. Unterdessen wird der Reiz auch im Neokortex weiterverarbeitet und in vorhandene Muster eingeordnet. Diese Einordnung in bekannte Strukturen wird wiederum in der Amygdala bewertet. Im Hippocampus wird hierbei auch der Kontext der Vergangenheit, in dem der Reiz bereits einmal wahrgenommen wurde, bewertet bzw. rekonstruiert. In der Amygdala werden im Verarbeitungsprozess weitere

---

[14] Vgl. Kleinen, Günther: Musikalische Sozialisation, In: Bruhn, H; Kopiez, R; Lehmann, A. C. (Hrsg.): Musikpsychologie. Das neue Handbuch, Hamburg 2011, S.46f.
[15] Kiewitt, Karsten: Emotionales Musikerleben bei Demenz. Eine Studie zur Wirkung des Musikhörens auf das emotionale Erleben Demenzbetroffener, Potsdam 2014, S.61 - 63.
[16] Vgl. Kreutz, G.: Musik und Emotion. In: Bruhn, H.; Kopiez, R.; Lehmann, A.C. (Hrsg.): Musikpsychologie. Das neue Handbuch, Reinbek 2011, S.556.

Reaktionen auf das Gehörte erzeugt.[17] Diese Darstellung der Verarbeitung und der Erzeugung von Emotionen stellt selbstverständlich eine verkürzte Beschreibung der ablaufenden Prozesse dar. Reaktionen, die in der Amygdala auf äußere (musikalische) Reize hervorgerufen werden können vielfältig sein. So kommen körperlich-motorische, wie auch physiologische Reaktionen häufiger in Bezug auf musikalische Reize vor. Manfred Spitzer beschreibt die emotionale Wirkung von Musik wie folgt: „Zum einen im episodischen Gedächtnis als ganz bestimmte assoziative Verknüpfung eines Erlebnisses mit der parallel gehörten Musik. Zum anderen aber auch als kulturell allgemein recht verbindliche Weise des Hörens bestimmter musikalischer Phänomene und zum dritten vielleicht noch darüberhinausgehend als sogar interkulturell relativ stabile Reaktionsweise auf bestimmte akustische Sachverhalte."[18] Über die hervorgerufenen Emotionen entwickelt sich unsere individuelle musikalische Biografie. Diese ist Teil unseres Identitätsbildungsprozesses und trägt dazu bei auf unser Umfeld zu reagieren bzw. uns mit gewissen musikalischen Phänomenen zu identifizieren. Auch als Mittel der Zusammengehörigkeit oder Abgrenzung fungieren die hervorgerufenen Emotionen und die damit verknüpften Erinnerungen hier. Ruft ein musikalischer bzw. akustischer Reiz bei einer Person eine positive Emotion hervor, so wird sie sich vermutlich mit Personen umgeben, bei denen ebenso eine positive Reaktion oder Emotion auf diesen Reiz hervorgerufen wurde.[19] Die Psychologie beschreibt die Akzeptanz sowie die Integration der unterschiedlichen Emotionen, die wir wahrnehmen und verarbeiten können, als zentral für die Bildung der eigenen Identität.[20]

---

[17] Vgl. Adler, Franziska: Neuropsychologische Aspekte im Erinnern vertrauter Lieder bei Menschen mit Alzheimer-Demenz, In: Wosch, Thomas (Hrsg.): Musik und Alter in Therapie und Pflege, Stuttgart 2011, S.33ff.
[18] Vgl. Spitzer, M.: Musik im Kopf: Hören, Musizieren, Verstehen und Erleben im neuronalen Netzwerk, Stuttgart 2002, S.398.
[19] Vgl. Kreutz, Gunter: Musik und Emotion, In:Bruhn, H.; Kopiez, R.; Lehmann, A. C.: Musikpsychologie. Das neue Handbuch, Hamburg 2008, S.548 – 565.
[20] Vgl. Hülshoff, Thomas: Emotionen, München 2012, S.279.

4. Identitätsprozesse durch Musik – Kollektiv
a. Nationale Identität und Nationalhymnen

Der Jurist Peter Häberle beschreibt Nationalhymnen als kulturelle Identitätselemente von Staaten. Für ihn ist Identität etwas, dass nur über die Kultur erfahrbar und möglich wird, nicht etwa durch wirtschaftliche Aspekte oder Ähnliches.[21] Welchen Stellenwert in diesem Zusammenhang auch eine Nationalhymne einnimmt, hat, am Beispiel Deutschland, die Aufregung gezeigt, die um das Halbfinalspiel der deutschen Nationalmannschaft bei der Europameisterschaft 2012 entstand. Drei Nationalspieler sangen beim Erklingen der deutschen Nationalhymne vor Beginn des Spiels nicht mit, was in den folgenden Tagen und Wochen von der Presse und im öffentlichen Diskurs stark kritisiert wurde. Die Aufregung, die Rund um den Vorfall entstand ist aus zweierlei Hinsicht interessant. Zum einen scheint es für die Fans und den Großteil der Spieler selbstverständlich zu sein, die Nationalhymne, wenn sie gespielt wir mitzusingen, etwa als ein Zeichen des Dazugehörens. Andererseits steht ebenso die Frage im Raum, was dazu geführt hat, dass drei Spieler die Hymne nicht mitgesungen, sich enthalten oder gar hiervon abgegrenzt haben. Wolfram Steinbeck beschreibt dieses Phänomen als einen im 19. Jahrhundert einsetzenden Prozess, der weiterhin andauert. Die in dieser Zeit stattfindenden Staatsbildungsprozesse, die sich von anderen Staaten, Regionen und Kulturen abzugrenzen versuchten, waren auf der Suche nach einer eigenen Identität. Diese Bemühungen sollten auch über gemeinsame kulturelle Erfahrungen, Musik und besonders Volkslieder geprägt werden. In den neu entstehenden Stücken und Nationalhymnen sollte sich die Identität der jeweiligen Nation widerspiegeln. Steinbeck beschreibt Musik in dieser Zeit als ein Medium, das aus der Ferne erzählt, das Bilder für Menschen erzeugt und das durch nationale Komponistenausbildungsstätten geprägt ist, die mit ihrer Arbeit auch versuchen eine Art musikalische Definition der Nationalität zu bieten. Insgesamt beschreibt Steinbeck Nationalhymnen als ein Relikt der nationalen Bewegung des 19. Jahrhunderts. Ein interessanter Gedanke, der von Steinbeck aufgegriffen wird, ebenfalls bezogen auf die Nationalmannschaft bei der Europameisterschaft, ist, dass einzelne Spieler zwar nicht mitgesungen haben, als die Hymne gespielt wurde, sehr wohl aber das Deutsche Wappen auf ihrem Trikot getragen haben. Eventuell ein Ausdruck dafür, dass das Mitsingen einer Nationalhymne ein noch

---

[21] Vgl. Häberle, Peter: Nationalhymnen als kulturelle Identitätselemente des Verfassungsstaates, Berlin 2007, S.62.

stärkeres Zeichen der Verbundenheit mit einem Kollektiv beschreibt als das Tragen eines Wappens. Dies ist an dieser Stelle eher spekulativ könnte aber ein Ansatz für weitere Nachforschungen bieten.[22] Grupe beschreibt Nationalhymnen als Symbolisierung nationaler Identität. Unterschieden werden müsse hier zwischen Ländern, in denen eine Sprache und Ethnie dominieren und Ländern, in denen viele Sprachen und Kulturen auf einem Territorium zusammenleben. Gruppe beschreibt hierbei sowohl das Konfliktpotenzial als auch die Möglichkeit für Identifikationsprozesse sowie das Ausdrücken von Gemeinsamkeiten und Unterschieden, die sich aus den Hymnen ergeben.[23]

b. Musik interkulturell

Musik bietet die Möglichkeit zur Abgrenzung, die Möglichkeit einer Gruppe oder eines Individuums zu zeigen, dass sie zu einer bestimmten Gruppe gehört. Einen weiteren Interessanten Aspekt hat der amerikanische Autor John Kaemmer geliefert. Er stellt 1993 fest: „Wenn Menschen aus ihrer Heimat auswandern, legen sie oft großen Wert auf ihre traditionelle Musik, während Menschen, die im Land zurückbleiben oft bereit sind diese zu ändern".[24] Diese Feststellung Kaemmers zeigt, dass Menschen über die Musik eine Verbindung zu ihrem früheren Heimatland halten. Hierbei spielt eine Abgrenzung zwischen der „eigenen" und der „fremden" Musik eine Rolle. Eigene Musik hier als Teil der eigenen Identität, die erhalten bleiben soll. Anthropologen wie Merriam, Nettl oder Turino versuchen diesem Phänomen auf den Grund zu gehen. Sie verlassen den Bereich, der sich nur auf die eigentlichen Musikstücke beschränkt und setzen den Fokus weniger auf den Klang als vielmehr auf die Kultur, den Gebrauch und die Funktion von Musik. Der Musik wird hierbei eine wesentlich größere Rolle zuteil als nur einem klanglichen Ereignis. Es werden Gefühle und Emotionen hervorgerufen, die die Erinnerung an Traditionen und vergangene Zeiten aufrechterhalten und mit denen sich Menschen, auch

---

[22] Vgl. Steinbeck, Wolfram: Musik und nationale Identifikation im 19. Jahrhundert, In:Schmidt, W. G.; Candoni, J.-F.; Pesnel, S. (Hrsg.): Klang – Ton – Musik. Theorien und Modelle (national)kultureller Identitätsstiftung, Hamburg 2014, S.229 – 242.
[23] Vgl. Grupe, Gerd: Zeichen der Zugehörigkeit und Mittel der Abgrenzung. Prozesse der Identitätsstiftung aus ethnomusikologischer Sicht, In: Anhagen, W.; Bullerjahn, C.; Höge, H. (Hrsg.): Musikpsychologie. Jahrbuch der Deutschen Gesellschaft für Musikpsychologie, Band 21, Göttingen 2011, S.4 - 6.
[24] Vgl. Kaemmer, J. E.: Music in Human Life: Anthropological Perspectives on Music, Austin 1993, S. 175 – 176.

wenn sie in ein neues Land umgesiedelt sind, identifizieren können.[25] Dieses Phänomen beschreibt auch Bruno Nettl bei der Beobachtung von iranischen Musikern: „Sie nutzen ihre Identifikation mit Musik, um ihre Individualitäten und Besonderheiten zu unterstreichen".[26]

5. Fazit

Der der Arbeit zugrunde gelegten Frage:

„Inwiefern dient Musik als Zeichen der Zugehörigkeit in unterschiedlichen sozialen Gruppen und wie beeinflusst sie individuelle und kollektive Identitätsprozesse?"

Konnte sich auf unterschiedliche Weise angenähert werden. Es ist deutlich geworden, dass Musik mehr ist als nur Klänge zu erzeugen und wahrzunehmen. Musik dient als Mittel des Ausdrucks und der Kommunikation. Ebenso wurde deutlich, dass Musik etwas Anlassbezogenes ist, dass je nach Gruppe, Person, Ort, Region und Situation variiert. Ebenso wie die Sprache erlernen wir Musik als ein Mittel, mit wir mit der Umwelt interagieren und mithilfe dessen wir unsere Umwelt wahrnehmen und besser verstehen lernen. Die Sprache als eine Basis unserer Identität beruht auf Musik und über diese nehmen wir die ersten Worte wahr und drücken uns aus. Gerade in unserer Kindheit und Jugend, aber auch im Erwachsenenalter begleitet uns die Musik. Sie beeinflusst unsere Gefühle und Meinungen zu bestimmten Themen. Im Verlauf der Arbeit wurde die enge Verknüpfung von Musik und Emotionen sowie die Verarbeitung und die Reaktion von bzw. auf Musik näher betrachtet. Über die Emotionen, die Musik bei uns auslöst sowie auch bei anderen beeinflusst Musik unsere Gefühle. Musik dient hierbei als identitätsstiftendes Mittel und auch als Mittel die eigene Identität auszudrücken. Eine ähnliche musikalische Sozialisation und ähnliche Emotionen und Erinnerungen beim Hören von Musik schaffen ein Zusammengehörigkeitsgefühl und tragen zu einer kollektiven Identität bei. Emotionen dienen hierbei als Schlüssel für unsere Identitätsbildung. Auch mit der Betrachtung von Nationalhymnen wurde noch einmal gezeigt, wie emotional das Thema Musik betrachtet wird bzw. welche großen Emotionen

---

[25] Vgl. Brenner, Helmut: Heimatklänge. Sound als identitätsstiftender Faktor aus ethnomusikologischer Sicht, In:Schmidt, W. G.; Candoni, J.-F.; Pesnel, S. (Hrsg.): Klang – Ton – Musik. Theorien und Modelle (national)kultureller Identitätsstiftung, Hamburg 2014, S.57 - 69.
[26] Vgl. Nettl, Bruno: The Study of Ethnomusicology, Illinois 2005, S.254.

von Musik ausgelöst werden können. Auch interkulturell dient Musik als Identitätserhaltendes und Gruppenförderndes Mittel, dass, im Besonderen auch für Menschen, die den Anschluss an ihre Kultur nicht verlieren wollen, eine Möglichkeit bietet sich diese zu erhalten bzw. Teil von dieser zu bleiben. Die Betrachtungen haben insgesamt gezeigt, dass Musik etwas ist, mit dem wir uns von unserer frühesten Kindheit an beschäftigen. Wir schaffen für uns Präferenzen und bauen eine emotionale Bindung zu Musik auf, die verknüpft ist mit Erinnerungen. In unterschiedlichen Umfeldern nutzen wir Musik, um uns als Gemeinschaft zu fühlen oder uns von anderen abzugrenzen. Musik ist ein Mittel unsere eigene Identität zu bilden, auszuleben und auszudrücken. Unsere Identität bildet sich auch aus unserer Vergangenheit, mit der die Musik über ihre starke Emotionalität verknüpft ist.

6. Literaturverzeichnis

- Anhagen, W.; Bullerjahn, C.; Höge, H. (Hrsg.): Musikpsychologie. Jahrbuch der Deutschen Gesellschaft für Musikpsychologie, Band 21, Göttingen 2011.
- Baacke, Dieter: Handbuch Jugend und Musik, Opladen 1998.
- Bruhn, H; Kopiez, R; Lehmann, A. C. (Hrsg.): Musikpsychologie. Das neue Handbuch, Hamburg 2011.
- Bruhn, H.: Musikalische Entwicklung im Alter, In: Musiktherapeutische Umschau 24/2, Göttingen 2003.
- Hartogh, T.; Wickel, H. H. (Hrsg.): Handbuch Musik in der sozialen Arbeit, Weinheim 2004.
- Häberle, Peter: Nationalhymnen als kulturelle Identitätselemente des Verfassungsstaates, Berlin 2007.
- Heinzlmaier, B.: Performer, Styler, Egoisten. Über eine Jugend, der die Alten die Ideale abgewöhnt haben, Berlin 2013.
- Hülshoff, Thomas: Emotionen, München 2012.
- Irle, Barbara; Müller, Irene: Raum zum Spielen, Raum zum Verstehen. Musiktherapie mit Kindern, Münster 1996.
- Kaemmer, J. E.: Music in Human Life: Anthropological Perspectives on Music, Austin 1993.
- Kiewitt, Karsten: Emotionales Musikerleben bei Demenz. Eine Studie zur Wirkung des Musikhörens auf das emotionale Erleben Demenzbetroffener, Potsdam 2014.
- Koelsch, Stefan: Das Verstehen der Bedeutung von Musik, In: Jahrbuch der sächsischen Akademie der Künste 2003/2004, Dresden 2003.
- Merriam, Alan P.: The Anthropology of Music. Chicago 1964.
- Nettl, Bruno: The Study of Ethnomusicology, Illinois 2005.
- Oerter, R; Dreher, E.: Jugendalter, In: Oeter, R.; Montada, L. (Hrsg.): Entwicklungspsychologie. Ein Lehrbuch, Weinheim 2002.
- Pape, W.: Aspekte musikalischer Sozialisation, In: Beiträge zur Popularmusikforschung. Bd. 18, o.O. 1996.
- Schmidt, W. G.; Candoni, J.-F.; Pesnel, S. (Hrsg.): Klang – Ton – Musik. Theorien und Modelle (national)kultureller Identitätsstiftung, Hamburg 2014.

- Spitzer, M.: Musik im Kopf: Hören, Musizieren, Verstehen und Erleben im neuronalen Netzwerk, Stuttgart 2002.
- Wosch, Thomas (Hrsg.): Musik und Alter in Therapie und Pflege, Stuttgart 2011.